若嶋家の食卓

短歌を添えて

―主婦のフレンチおもてなし

若嶋利恵子
Wakashima Rieko

竹林館

主婦のフレンチおもてなし——短歌を添えて

若嶋家の食卓

純子へ

発刊に寄せて

若嶋眞吾

＊フレンチって？

いつか観た映画で、フレンチシェフに「一にバター、二にバター、三にバター」というセリフを言わせる場面があった。フランス料理はバターが主役という訳である。しかし、強調している訳でもないようだ。ふつう、バターは固形である。ところが、油として使う場合もある。ここまでは分かるが、三番目のバターはどうだろうか。どうやら、焦がす使い方があるらしい。

ところで、今では、各国の料理の境界があいまいになりつつあるようである。別の映画では、ある有名な料理店の厨房に、日本の醤油があった。片づけられたテーブル上に、それも卓上用の小さな醤油尺《さし》である。ところが、その醤油の説明はなかったと記憶するが、おそらく、隠し味として使っているのだろう。何を利用しようとフランス人が自国の料理をつくる場合、それをフランス料理という。どうやら、作り手の国籍が問題らしい。日本人が、スパゲティーを作るとそれは、洋風料理ということになる。

日本では料理家に二種類の名前がある。シェフと料理人である。シェフは外国の料理をつくる人。料理人は日本料理をつくる人。外国人がおどろくのは、外国料理のほとんどが日本にあるということだ。彼らにとっては、大きな謎らしい。

＊ 旨みって？

一般に、味には、甘味・酸味・塩味・苦味という世界共通の四つの味覚（「四原味説」）というものがある。ところが、日本人はちがった。四原味の調合では作れない第五の味覚「旨み」という味を知っていたのである。京都の某老舗料亭の主は、「旨み成分だけで作りあげている料理は、世界中で日本だけである」という。

そういえば、「旨み」成分が世界的に認知されたのは、いつごろのことだろうか。旨み成分の一つにグルタミン酸というものがあるが、この分子構造が発見されたのは、日本人の功績で一九〇八年のことだった。ところが、世界に認知されたのは、二〇〇〇年という、最近のことである。舌にそれを感じる受容体が発見され、この味を感じない方が問題だ、という風潮に変わってきたのだ。欧米料理は、肉の旨みを活かした料理が多く、新たな旨みは必要なかったらしい。数年前、イタリアで行われた「食の博覧会」で、この日本の旨みを使った料理がでたが、試食した欧米人には、不評であった。そこで、その料理人は、トマトの酸味を抑えた料理を出したところ、彼らにもその旨みが分かり、食の国際交流が実現したという。実は、トマトにはグルタミン酸が豊富に含まれてはいたが、酸味におされて、旨みに気づかなかったという訳だった。

ところが、最近、第六の味覚が話題になっている。それを「脂肪味」という。舌の表面には味を感じる味蕾《みらい》という細胞があるが、そこから脳にまで達している神経が発見されたのだ。そこで、脂肪の美味しさを認めようというのである。ある生理学者は、脂肪は食べて美味しく、消化するとき腸も喜ぶ、といっている。

＊和洋折衷

料理における和洋折衷が本格的になったのは、明治時代中期からのようだ。この和洋折衷の例では、「あんパン」がよく挙がっているが、これは、早かった。明治七（一八七四）年に発明されている。西洋のパンを皮にして、中に日本のアンコが入っている。見た目では外国の「パン」である。しかし、一口かじると、「あんこ」の味がする。この商品、一説には「和魂洋才」の象徴といわれている。外見は洋風（文明・洋才）だが、中身は日本（あんこ・和魂）だというわけである。つまり、これには別の見方もある。それは、一皮向けば、中身は変わっていないという皮肉である。このあんパンで思い出すのは、肉まんであろう。中国からやってきたといわれる肉まんも、その出生をしらべてみれば、昔、北方の肉食民族が、南方の農耕民族を襲って、その国を征服したという。征服された民族は、肉をあんこにして、地元の穀物のころもで包んだという。食物レベルでは敵を「肉まん」で征服したということらしい。

＊料理の三角形

食物を美味しくいただくには、料理法がかかせないだろう。この料理法には、大きく二つの類型がある。一つ目は、炙り・煮炊き・調理という型。もう一つは、ナマ・発酵・燻製、である。識者によれば、前者を文化的料理法、後者を自然的料理法と分けている。老舗料亭の夕食をみればそれは一目瞭然である。

江戸時代に完成された日本料理はこの六つの料理法をすべて活用しているのだ。

そこに西洋の食材が料理法とともに入ってきた。特筆すべきは、肉食の解禁であろう。牛鍋、すきやきは明治初期から、そして、しゃぶしゃぶは戦後のことである。先に述べた、外国人のおどろきの秘密は、日本人の舌と日本料理にあったのである。

＊ふつうの家庭のおもてなしって？

最近はそうでもないらしいが、外国人をお招きするとき、外食をすることが当然のようだった。食事に対して、コンプレックスがあったのであろう。招かれる彼らの常識では、そのプレゼンには、とまどうことが多かったようである。お招きには、最低限、二重の意味がある。一つは、自宅での料理を共に楽しむ「会食」である。もうひとつは、会食中の団欒である。現代でも、この団欒ができない日本人が多い。日本には古来、話芸といって、楽しめるものがあった。たとえば「漫才」。これは意図的なものだが、楽しい会話の伝統として存在しているのである。つまり、「ぼけとつっこみ」これが会話の秘訣だが、これはお相手が外国人でもおなじである。日本語で話し合うことができないのであれば、翻訳機というおもちゃはさらに、会話を楽しめるものにするだろう。

もうお気づきだろう。当方の経験知としては、客人とその周辺の情報や話題を収集しておくことだ。幸い、当方は、学者としては「哲学者」で、日常の哲学的視野に見える話題には事欠かないが、一般の家庭では、準備として、来客の趣味や就いてる職業上のニュース、子ども連れであれば、その子にあった本なども準備するのがよい。招く側としてはこれで十分だとおもう。なぜなら、「お招きできて嬉しい、喜んでいるという」メッセージのなかで、ひとときを共有すればよいのだから……。

＊なぜ短歌？

最後に、本書では、短歌がところどころにポップアップされている。家内のコース料理で二時間前後、時を忘れて飲食と団欒を楽しみ、お見送りした余韻のなかで詠んだものである。料理の上達には食してくれる人が不可欠である。お客様には、大学時代の同僚・元同僚・恩師・教え子・親類・縁者・友人・ご近所・知り合いのシェフ、レストラン・オーナー、とさまざまであった。

短歌といえば、私の好きな、「五・七・五・七・七」という韻をふんだ、すきな歌がある。

「喜べば　喜びごとが　喜んで　喜び集めて　喜びに来る」というもの。

疑問を呈する方もいらっしゃるかもしれないが、平凡に過ぎる日常で、月に一回～二回の会食は、いづれも楽しく愉快なひとときだった。その機会を楽しみ、喜び、料理を楽しむ！　この集いにきて頂いた方々と過ごせたのがなによりの賜物だった。家内は、このときはいつも片づけに鼻唄がでるという。

ランス（エアデールテリア）

主婦のフレンチおもてなし——短歌を添えて

若嶋家の食卓

Contents

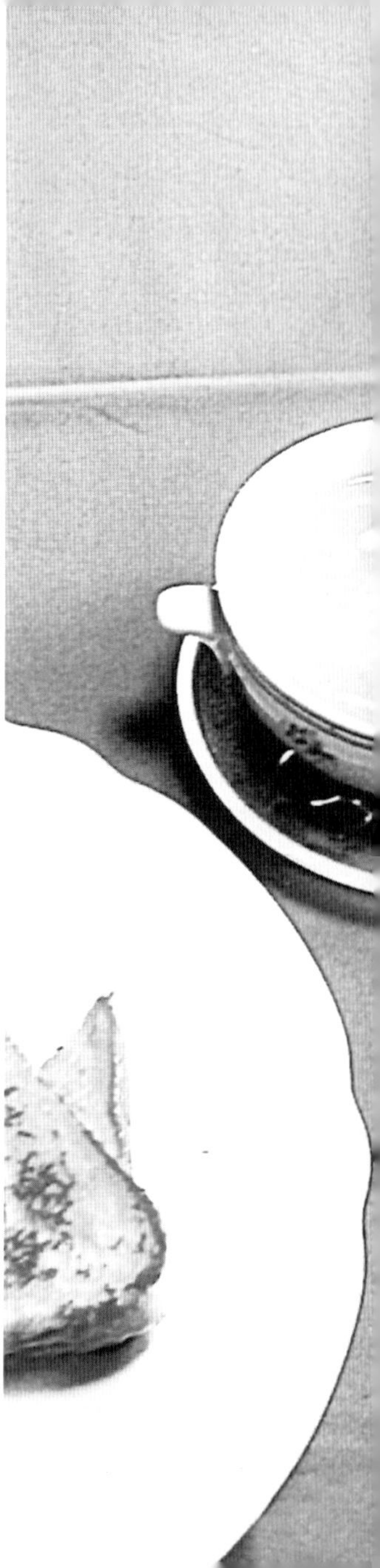

若嶋家の食卓

1月
2月
3月

枝重ね　心重ねて　この春や
ものすべて萌え　汝《な》は想うらし

フレンチに
親しき人あり
招きおる
値千金
今日春日より

黄ピーマンのムース仕立て
カニサラダ添え

野菜のトマトスープ

グラスは右上に並べて置き、
スープには必ずソーサーがいります。

フレンチという学びの旅１

＊旅のはじまり

退職後しばらくして、和洋中華、いろいろな料理を少しずつ習い、試してみたのですが、そんななか、フランス料理にはどんな調味料が使われているのかしら？……こんな好奇心から私の旅は始まったのです。その旅は、あるドキュメンタリーの一場面を見たときから本格的になります。

それは、奥様を亡くされたフランスのお年寄りが、食事をする場面でした。料理を作りそれを台所におくと、食堂のテーブルにクロスをかけ、一品ずつ台所から持ってきて、いただくのです。それはフルコースのように食事を楽しんでおられるという感じでした。そう、自前のフルコース！

見ながら、私たちはどうだろう？　と思いました。普通なら、一度にテーブルに並べるものですが、このような食事の仕方は、新鮮で、静かな感動が湧いてきたのです。そして、今まで経験していなかった大切なことを学んだ気がしたのです。もちろん、懐石料理や円卓を囲む中華、ホテルでのフルコースなど、経験は少なくはなかったのですが、その感動は未経験なものでした。

お正月
子らの思いは
お年玉
屠蘇をふるまう
華やぎの中

水引を生かしてナプキンリングに。
生花を一輪添えたりといろいろ楽しめます。

ナプキンリングはごく親しい人に使います。
フォーマルには使いません。

通い路の　梅が匂いに　鶯の
たどたどしくも　初音確かに

馥郁《ふくいく》と　梅の香に染む　春の雨
いろます虹に　玉のしずくや

春霖《しゅんりん》の　染むる寒さに　いざなわれ
ほころぶ花と　我もなりたし

陽を浴びて
見上げし桜
若葉萌え
はらりはらりと
花びらの舞う

古希忘る
春色コートの
贈り物
吾　軽やかに
生きて行こうか

スモークサーモンの胡瓜のファルシ

失敗をプラスに転じ新メニュー
料理の世界　奥深さ知る

舞台上　頭真っ白オーディション
こんな可愛き　吾も有りかと

凍冬《いてふゆ》にワインを重ねしみじみと
真夜中までも　語り語りぬ

葉桜の　並木続きし　川辺往く
人も小犬も　春風の中

「ありがとう」 感謝の電話 届く朝
応《いら》えの言の葉 喜びを生む

初音かな 主を探せど 雪曇り
訪れ告げる 声谷渡る

ベイクドチーズケーキ・チョコレートタルト ～ 友人宅でテーブルセッティングのレクチャーをしました。
お皿２枚とグラスで二段にしてケーキをのせます。

バレンタイン　あなたに愛を届けよう
ケーキに添えて　リボンを付けて

チョコレートフォンデュ

成長の
喜び溢る
お食い初め
山海の幸
祝いの宴

お初膳　お品書き

蛤の吸い物
野菜の炊き合わせ
赤飯
焼き鯛
香の物
梅干し
果物
歯固めの石

by 莉絵子

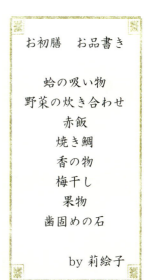

今や咲く　君待つごとく　さくら草
共に華やぐ　フレンチパーティー

戯れに　指組みつなぐ　散歩道
出会いし頃の　手に戻るらし

この乙女　攫《さら》っていった君なりし
このまま天空《てん》まで　吾を連れ行け

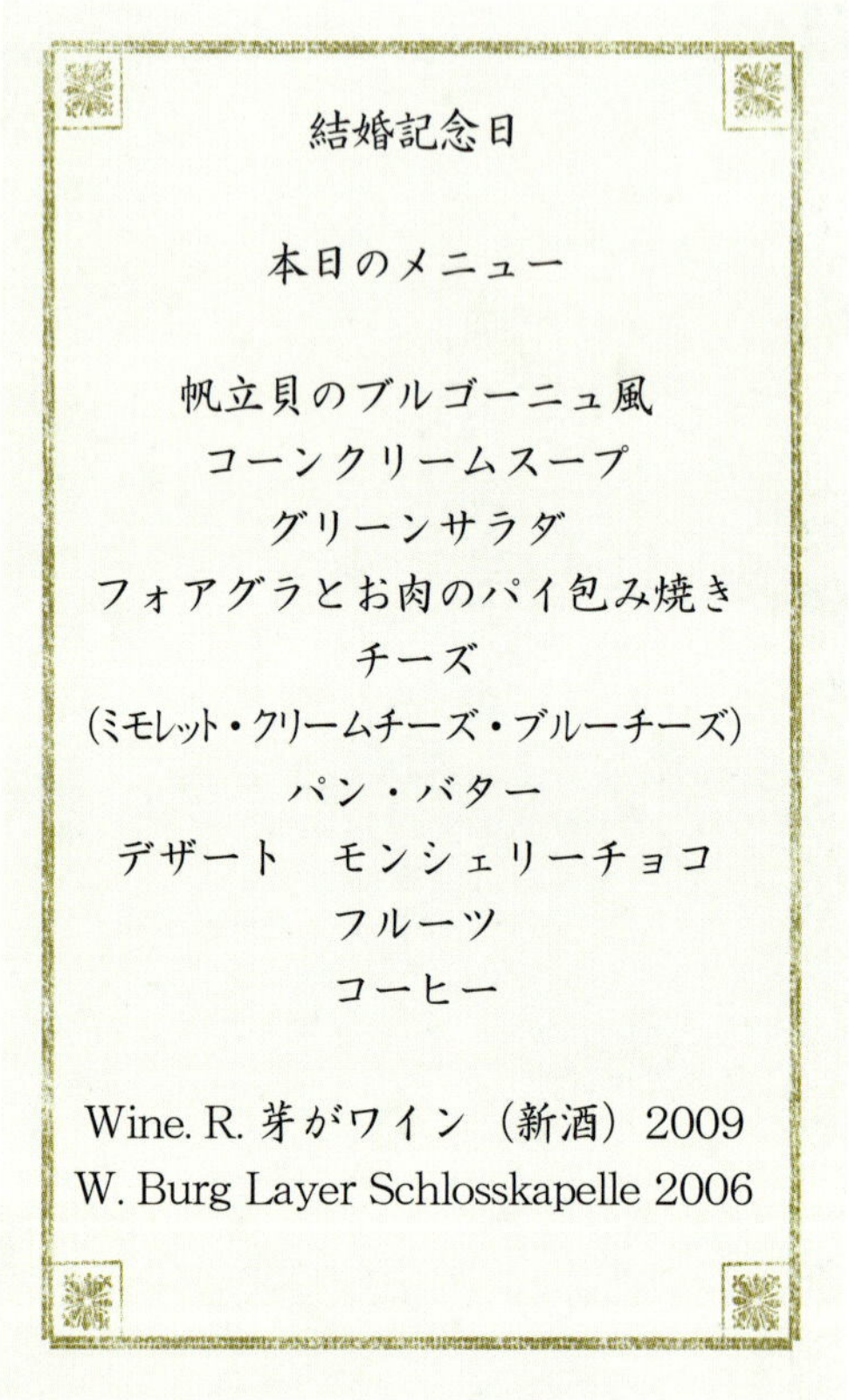
結婚記念日

本日のメニュー

帆立貝のブルゴーニュ風
コーンクリームスープ
グリーンサラダ
フォアグラとお肉のパイ包み焼き
チーズ
（ミモレット・クリームチーズ・ブルーチーズ）
パン・バター
デザート　モンシェリーチョコ
フルーツ
コーヒー

Wine. R. 芽がワイン（新酒）2009
W. Burg Layer Schlosskapelle 2006

フォアグラとお肉のパイ包み焼き

愛一つ　髪撫でくるる君の如
睦みて優し　紅姫椿

グリーンサラダ

フレンチという学びの旅２

＊フレンチにはまる！

しばらくして、「フレンチをやってみない！」というお勧めを受けましたが、そのときためらいはありませんでした。おなじころ、テレビを見ていて、画面のシェフが同じようなメッセージを述べたのです。「やるしかない！」と思いました。私の旅は心のなかのお話しではなくなっていたのです。学びを実践するときがきたのでした。さっそく、フレンチのレシピ本を何冊か買って読み始め、それですまなくなって、図書館の本にも関心が向いていきました。

どなたでもその先は想像できるでしょう。そう、自分で料理を作ってみることです。当然、そのレシピは簡単なもので、うまくできるはずです……。ところが、私の場合、予想どおりにはいかなかったのです。レシピどおりに料理したのに、なぜ美味しくない？　ウーン？　一つ目の壁でした。

この初歩の段階で、料理に自信をなくす人が多いのは知っていました。後で知ることになったのですが、実は、レシピどおりに作って美味しいという料理本は限られているようなのです。つまり、レシピは、手順を書いているだけで、味の方は料理空間、我が家の台所の状態に左右されてくることがわかったのです。それからは試作と想像力の実践です。

「おめでとう」
言っても言っても
足りなくて
握手、抱擁
ハイタッチ・ハグ

「初めて２時間かけて楽しく食事しました。早く結婚してお料理作りたい」
と感激してくださいました。

祝　ご卒業

本日のメニュー

サーモンのテリーヌ
パンプキンスープ
トマトとアスパラガスのサラダ
ビーフステーキ　ソイソース
ポテトのドフィノワーズ
パン・バター
デザート
生クリームケーキアラカルト
和菓子・チョコレート
紅茶　セイロン・ディンブラ

Wine. W. Valpolicella sp 2002
R. Casale del Grillo 2003

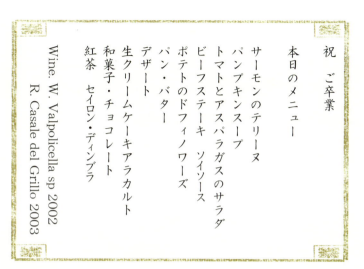

さわさわと
雪舞う朝
街々は
吾が心かや
深くしずもる

夢見月　心はいまだ　冬もよう
花の蕾は　時を待ちおり

春一番
訪れ近しと
心待つ
北風ばかり
閏《うるう》の春や

日本語の原点は「やまとことば」

はじめに歌があった国

日本人なら『万葉集』を知らない人はいないだろう。百三十年以上にわたって編まれた日本最古の和歌集である。題名の由来は、一説には「万《よろず》の言の葉」を集めたから、という。元号の「令和」もやまとことばで書かれた『万葉集』から選ばれた。元号の歴史では、はじめてのことである。

ところで、当時の『万葉集』はどんなことばで書かれていたのだろうか？『万葉集』は、漢字で書かれていたのだ。しかし、その読み方は母国の古代中国のそれとはちがった。漢字のもつ意味に関係なく、音や訓の読み方をやまとことばに当てて、つまり漢字を表音文字として使っていたのである。これを万葉仮名というが、当時の日本語、「やまとことば」の書き方であった。たとえば、これを、「巻十四・三三七三」で見てみよう。原文・読み・意味の順に、

原文：「多麻河泊尓　左良須弖豆久利　佐良佐良尓　奈仁曽許能児乃　己許太可奈之伎」

読み：「たまがわに さらすてづくり　さらさらに なにぞこの児《コ》の　ここだ愛《カナ》しき」

意味：「多摩川に さらす手作りの布の さらさらに なんでこの娘は こうもいとしいのか」

となる。恋の歌である。

当時はこのように漢字を使っていたのである。

漢字・カタカナ・ひらがなって？

この三つは、いずれも文字である。漢字は古代の中国から日本へもたらされたが、当時の日本には文字がなかった。したがって、意味はともかく「文字をどう発音するか」ということから始まるのは当然であろう。ここから万葉仮名というものが生まれたのだ。この漢字から、日本人は二つの発明をしている。一つは、漢字の仕組みを知って、自ら漢字を創作したのである。これが、国字と呼ばれるものであるが、一般にはあまり知られていないらしい。たとえば、「峠」。山偏に、上下。上下の部分は旁というが、仕組みを知ったときは笑ってしまう。そしてもう一つ、漢字を簡略化したものも創作した。それが、「カタカナ」「ひらがな」であるが、これらが考案されたのは、平安時代、それも初期のことである。

これらの表音文字は見た感じで、一方はかたく、もう一方はやわらかい感じを与えるものだ。このように、読む側・書く側の両方にとって個性のある三種類の文字を駆使して、私たちは暮らしているが、世界中探しても、このような民族はいない。この多様な表現と見た目の奥行きは、日本人の心の機微と豊かさを象徴していると思う。

この「やまとことば」、そのことばの洗練には、縄文一万年という無文字社会の歴史があり、その間に、漁労や果実の栽培などの文化的な営みの進化があったのだが、当然のことだが、使われる「やまとことば」も進化し、ゆたかな言語になっていったのである。

歌という平等社会

さて、『万葉集』の特徴の一つは、あらゆる階層の和歌が挙げられていることである。欧米では、そのようなことは寡聞にして聞いたことがない。この事実は、決して見過ごされてはならないと思う。なぜなら、すでに一万年という縄文の時間をかけて進化し続けた「日本」なのだから。その時間は、使用された「やまとことば」の洗練と、なにより日本人の平等的感覚の証であるからだ。そして、若者にとって歌の交流は、恋人選びの手段でもあったと識者はいう。なんと優雅であることか！

周知のとおり、「やまとことば」は母音中心言語である。それを母体とする現在の日本語も同じ母音中心言語である。ところが、世界を見渡すと、インド・ヨーロッパ語をはじめとして、ほとんどの言語は子音中心言語なのである。この言語の特徴は、パピプペポ、ツ、など、ツバを吐き出す発音をするのである。この「ツバ」をだす発言を想像してほしい。日本人なら、攻撃的感覚を覚えるはずである。そこには柔らかさを感じながら聞くことはない。

「やまとことば」は、優しい言語である。なぜ、やさしいか？　言語学者の多くは、母音中心言語であるから、という。聞いてる側には、意味はともかく、やさしく聞こえるという事実がある。そこには、敵対関係になる可能性をなくす効果があるのだ。

（眞吾）

若嶋家の食卓

4月
5月
6月

フォアグラと大根のソテー　ブラウンソース

材料（4 人分）

フォアグラ	50g を 4 枚
大根	½ 本
クレソン	4 本
バター	大 1

薄力粉・バター・塩・こしょう・油　少々
a.（だし 400ml　みりん小 2　薄口しょうゆ小½　塩小¼）
ブランデー・濃口しょうゆ　少々

作り方

① 大根は 4cm 幅の輪切りにして面取りし、柔らかくなるまで下ゆでする。鍋にａを入れて、下ゆでした大根を入れ弱火で 20 分から 30 分ほど煮る。大根を盛り付ける前に、フライパンにバター大 1 を入れてゆでた大根を軽く焼き色がつくまで両面を焼く。

② フォアグラはバットにのせ塩 1 つまみ、こしょう少々を均一にふる。薄力粉をフォアグラの両面に軽くまぶし余分な粉をたたいて落とす。フライパン（テフロン加工）を熱したら油を少ししきフォアグラを入れて焼き色がつくまで動かさずに焼く。焦げ目がついたら裏返し、焼き色がついたらキッチンペーパーにのせ余分な油をきる。（焼きすぎないこと。両面 1 分から 1 分 30 秒位）
なお、フライパンに残った油分は、※参照。

③ ①の大根を皿にのせ、フォアグラをその上にのせソースをかけてクレソンを添える。

※ブラウンソースの作り方
フォアグラの油を捨てずにブランデー、濃口しょうゆを加えて煮詰め、バター少々を仕上げに混ぜてコクを出しソースにする。

笑顔添え
「またね」と言いて
宴終わる
一期一会を
思いし夕べ

たかんなを「朝堀りです」と両の手に
訪れた春　若たけ汁に

筍の　香り懐かし儚しも
笑顔ほころび　旬を味わう

初節句　兜飾りに菖蒲酒
薫風に乗り　夢は千里を

ゆかしやな　故事にならいて祝い膳
笑顔うれしや　晴々として

季《とき》めぐり
薫風運ぶ
縁なり
美女ら集いて
笑顔溢るる

春舞台　縁の糸を　紡ぎつつ
枝垂桜や　麗らに咲けり

往く季を　惜しみとどめつ　立つ舞台
心にそっと　春装いて

フレンチトースト
野菜のポタージュ
メロン

食パンを前の晩から卵液(網でこす)に浸し、冷蔵庫に保存。
食べる直前に弱火でじっくり焼くとおいしい。

緑風
恩師の笑顔はじけたり
フランス料理に
おしゃれな会話

恩師ご夫妻をお招きしての特別な日なので
午餐ですがキャンドルをつけました。
昼間はキャンドルはつけないのですが、
クリスマスの日はつけるそうです。

パテ・パリジャン

もてなしの
心　吾より優りたる
花植えて待つ
君のすがしさ

紀州自然赤地鶏のロースト

酒宴なり　心尽くしに　ほろ酔いて
も少し二人で　生きて生きたし

うぐいすの　澄み渡る声　空高く
生命謳うや　今朝も訪う

新たなる
出会い楽しく
集いけり
縁の糸や
実り豊かに

デザート ～ 岸本印刷様と竹林館様と共に

母と居る　梅雨の晴れ間の昼下がり
ゆるり流れる時間《とき》や愛しき

フレンチという学びの旅3

＊会食からおもてなしへ

さて、料理にそれなりの自信と展望が開けてきますと、旅の景色はひろがり変化してきます。お招きするお客様は家族から親類、友人、ご近所、教え子、元同僚、夫の同僚、恩師と、対象は広がっていきました。テーブルは8人まで会食できるものでしたので、やがて、レストランの経営者やシュフもお招きできるようになっていったのです。

お招きをはじめてから、私の関心は、料理から、提供のタイミングや、会食の雰囲気にまで広がっていきました。そこで、こころの中に二つ目の壁がちらつきはじめたのです。それは私にとって、「おもてなし」の第一段階でした。このステップが実は発想の転換を招いてくれたのです。

一家の「食」を担っている主婦にとって、おもてなしにならない癖があります。たとえば、自分の嫌いな食材は食卓にあげないものです。これでは、家族のためにと思っていても、ただの会食です。主婦にとって、おもてなしの基本は、家族にあると思います。料理を作る人は、食材の個性は知らなければいけないのですが、好き嫌いはあってはならないと思います。会食とおもてなしの違いは、今述べたようなことに注意が向いていく、このこころの向きにあると思います。

この月は
昨日も今日も
バースデー
主《ぬし》は言うなり
ほにゃらららら

帆立貝のブルゴーニュ風

初めてフレンチとして作った料理です。簡単で美味。召し上がった方々が必ず次回リクエストしてくださいます。是非作ってみてください。

帆立貝のブルゴーニュ風

材料（２人分）

帆立貝殻付	４こ
レモン	適宜
バター	40g
ニンニク	１片（みじん切り）
パセリ・イタリアンパセリ・チャイブ	$^1/_4$ 枝（みじん切り）
パン粉	大さじ２
塩・コショウ	少々
牛乳	少々

作り方

① 帆立貝は殻から身を取り出し、さっと水洗いする。
水を切り、下味をつける。（塩・コショウ）

② バターは室温にもどし、ボールに入れ、泡立て器でクリーム状になるまで混ぜ、ニンニクとパセリ・イタリアンパセリ・チャイブを混ぜる。

③ 殻に帆立貝の身をもどし、②のバターソースをかけて、上に牛乳でしめらせたパン粉をのせる。

④ 天板にのせて 220℃のオーブンで 15 分焼く。

⑤ 器に盛り、レモンを添える。
（貝の下にあら塩を敷くと貝が安定する）

来《こ》し方を　心安けく思いおる
生まれきしこと　父母在りてこそ

子育てに　我もありしや　君を見て
生命の絆　永久《とわ》にと願う

柿のプリン

材料（4 人分）

熟れた柿	1 こ　※やわらかい柿 1/2 こ
砂糖	40 ～ 50g（お好みで）
粉ゼラチン	小すりきり 4 杯（400cc 分量）
湯	300cc
生クリーム	100cc

かざり用　ハーブ（ミントなど）

※粉ゼラチンは大 4 の水で軽くかきまぜ 4 分位ふやかす

作り方

① 熟した柿はスプーンで身を取り出し、フォークなどでつぶす。やわらかい柿は小さく切る。

② ボールに砂糖ととかしたゼラチンを入れ、湯（70℃）300cc を加え、ゆっくりかき混ぜる。

③ ゼラチン液を冷まし、①の柿、生クリームを加える。

④ ③をデザート用の器やバットなどに流し入れ、冷蔵庫で 1 時間以上冷やして固める。

⑤ ハーブを飾る。

柿のプリン

柿をたくさん頂き、ケーキに入れて焼きましたがうまくいきませんでした。思いついて作った柿のプリンが大成功。とても好評でした。

フレンチという学びの旅4

＊おもてなしの準備

さらに、お客様を招いての「おもてなし」となれば、お話しは断然難しくなってくることに気づきます。たとえば、テーブルセッティングはどうする？　好みの料理は？　ワインの種類は？　アレルギーは？など、いろいろ課題が生まれるし、来客数の問題も大きいのです。

これらのことは、前日までの準備、当日のコース展開など、家庭の主婦にとっては、台所の調理器具との関係で、料理を手際よくお出しするタイミングは、段取り的に工夫を要します。これについては実践例をあげておきましたので、試していただければ嬉しいです。

また、複数回いらっしゃる方もいます。どうしたらよいでしょうか？

私の場合、まず料理のレパートリーを増やすことにつながりました。ご希望でないかぎり、同じことをしたくなかったので、次のようなことに留意しました。列挙しますと、

①　テーブルセッティング・卓上花
②　料理
③　カトラリー・キャンドルなど

なお、料理とテーブルセッティングは、実はセットと思ったほうがよいでしょう。

うたた寝の　下駄の歯音に目覚めれば
子等のさざめき　今日は七夕

七夕の　出逢いし頃の清し君　（S）
たまゆら揺れて　如月の今　（R）

紙持ちて　我に教える　その仕草
折目正しく　ツル出来上がる

ルビー婚式　二人の歴史省みつ
語りし一夜《ひとよ》　明け方の雪

メロンの生ハム添え

メロンには切り込みを入れます。

ゆでたまごのハーブマヨネーズ

ハーブマヨネーズにはパセリの他にお好みのハーブを混ぜると美味しくておしゃれ!!

散歩道
二人待つ如　花水木
胸の高鳴り
知るや知らずや

母植えし　もみじ葉の下　影太し
山の静けさ　匂い連れ来る

「おばあちゃん」
響きの中に
記憶あり
日向ぼっこの
如く温もる

フルコース

私流おもてなしのタイムスケジュール

① **案内状を発送する**

・予め電話で確認し一週間前に発送する

・アレルギーの有無を伺う

如月の午餐ご案内

余寒厳しき毎日、貴女様にはご健勝の由何よりと存じます。
さてこの度、お昼のひとときを楽しいお喋りとお気軽フレンチでお楽しみ頂きたくご案内申し上げます。

記

日時　2月　2日（木）
　　　午後　1時
場所　若嶋家

② **テーマ（イメージ）を決める**

例えば、誕生日、入学式、節分、クリスマス・・・等

③ **料理のメニューを決める**

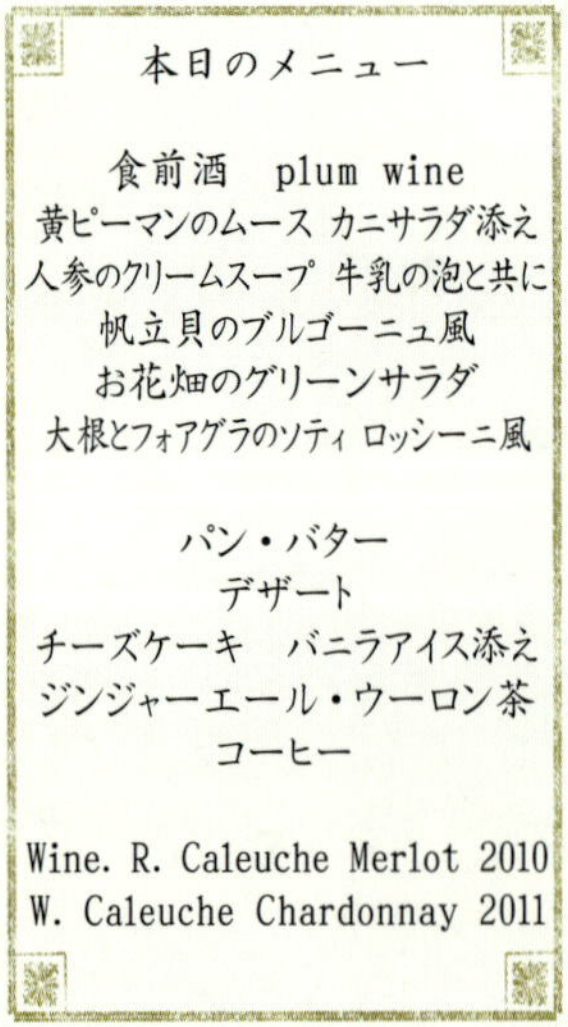

本日のメニュー

食前酒　plum wine
黄ピーマンのムース カニサラダ添え
人参のクリームスープ 牛乳の泡と共に
帆立貝のブルゴーニュ風
お花畑のグリーンサラダ
大根とフォアグラのソティ ロッシーニ風

パン・バター
デザート
チーズケーキ　バニラアイス添え
ジンジャーエール・ウーロン茶
コーヒー

Wine. R. Caleuche Merlot 2010
W. Caleuche Chardonnay 2011

④ **必要な材料を表にする**（※70頁参照）

家に有るものと無いものをチェックして、無いものを購入

⑤ **おもてなしの準備をする**

〈前日〉・当日のタイムテーブルを作る（※71頁参照）
・メニュー表の印刷をする
・飲み物（ワインなどは購入時に冷やす時間など聞く事）
・調理の下準備をする
・BGMを準備する

〈当日〉・ゲストが来られる前に音楽をかけ、キャンドルはつけておく
・タイムテーブルに従って料理しサーブする
・サプライズを用意する（ローストチキンなど卓上でカットしたり、デザートにチョコレートフォンデュをお出ししたり・・・また、楽器演奏などは喜ばれた）

⑥ **パーティを終えるタイミング**

⑦ **心ばかりのプチお土産を・・・**

（クッキーなどを焼いておき可愛くラッピングしておく。卓上の花を小さな花束にするのもお勧め。ちょっとした小物を用意しておくのも。）

⑧ **翌日には必ずお礼状を出すようにする**

井上先生
先日は遠くまでみえて下さいまして有難うございました。

御足の方はいかがでございますか。少々歩かれたので御無理されたのではと案じております。

皆様の若々しい前向きなパワーに主人も私もさすが第一線でご活躍されている方々だと感動いたしました。

フレンチを始めまして九二二年、全く何も知らないのが幸いしたようで、主人の励ましと協力で私なりのおもてなしの場が持てるようになりました。

日頃つつましく食しております。月に一、二度楽しく過ごせますことは大いに勉強になります。又暖かくなりましたら是非お訪ね下さいませ。

お体どうぞご自愛下さい。

若嶋

※④材料表

**1. 黄ピーマンのムース
カニサラダ添え**
黄ピーマン２コ
カニ缶詰１缶
キュウリ¼
セロリ½
ブランディ少々
フレンチドレッシング大１½
タマネギ⅛
バター大½
ゼラチン４～5g
生クリーム 30ml
ミント or パセリ
あら塩・コショウ各少々
トマト½
チキンコンソメ小¼
水 100ml

**2. 人参のクリームスープ
牛乳の泡と共に**
人参１本
じゃがいも½
タマネギ½
バター大２
チキンのブイヨン 200ml
牛乳（脂肪分多いもの）

**3. ホタテ貝の
ブルゴーニュ風**
ホタテ貝６コ
レモン６切
バター 120g
ニンニク１½片
パセリ½枝
　イタリアンパセリ・チャイブ
パン粉大６
塩・コショウ各少々
牛乳（ひたし用）

4. お花畑のグリーンサラダ
グリーンリーフ（ミックス）
ミニトマト６コ
ゆで卵１コ
グリーンレタス½
リーフとゆで卵を中央に。
周りにレタスとトマト。
フレンチドレッシング
　＋砂糖＋マヨネーズで。
パセリ

**5. 大根とフォアグラのソティ
ロッシーニ風**
フォアグラ６コ
大根½本
クレソン６枝 or ミックスリーフ
バター・小麦粉
牛乳（漬け込み用）
ブランディ
醤油・砂糖
トリュフ１コ

6. パン
フランスパン
チーズパン
テーブルロール
バター

7. 飲み物
ワイン（赤・白）
ウーロン茶
ジンジャーエール
コーヒー

8. デザート
チーズケーキ
バニラアイス
いちご

9. その他
季節の花
お土産

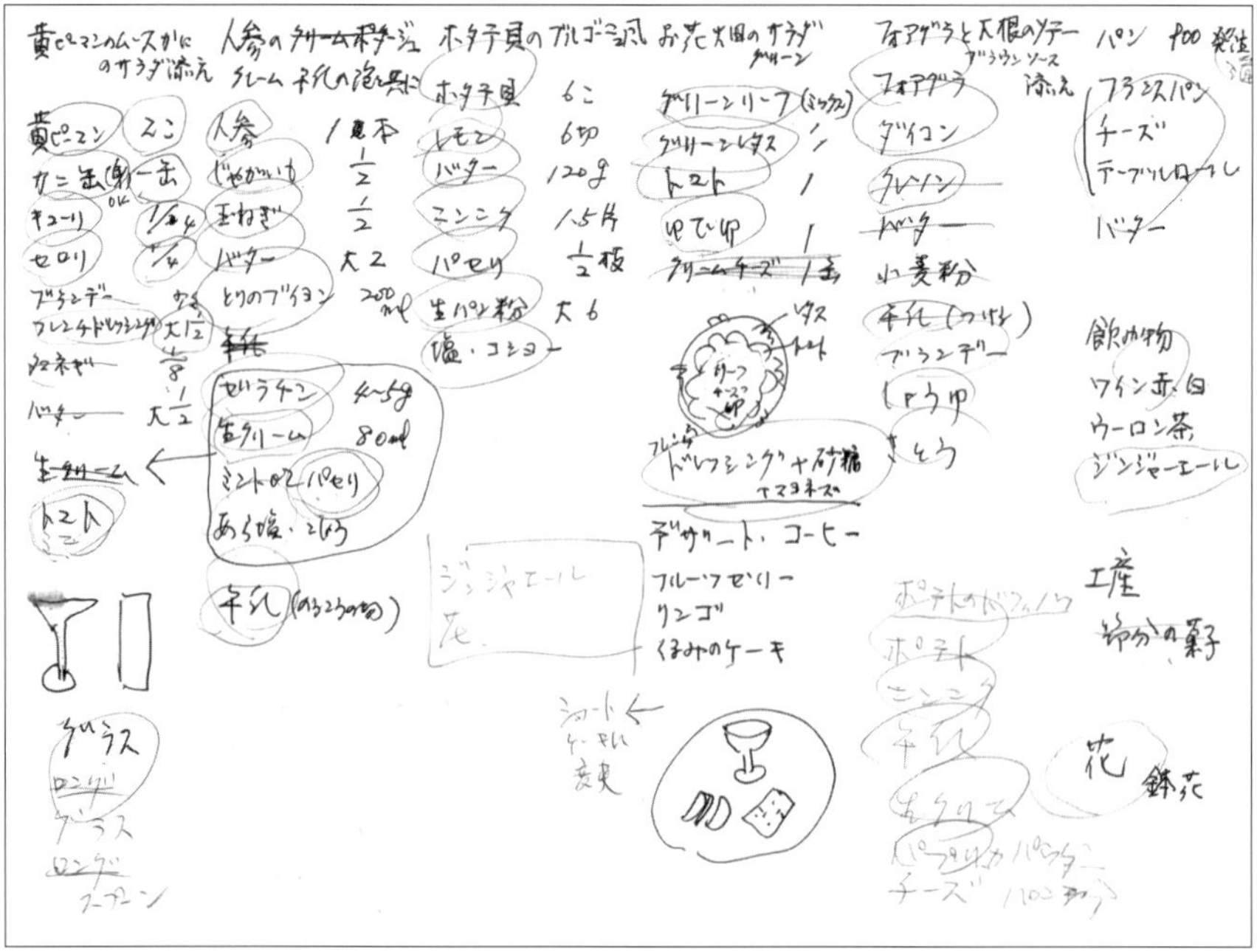

コースメニュー・段取り案

※⑤当日のタイムテーブル

1
黄ピーマンのムース カニサラダ添え

ムースとカニサラダは午前中に作り、
グラス仕立てにして冷やしておく。
ゲストがお見えになる直前に上にトッピングする。

2
人参のクリームスープ 牛乳の泡と共に

スープは前日に作っておく。
温めている間に牛乳の泡を作り、直前に泡を浮かべる。
パンを温めて出す。

3
ホタテ貝のブルゴーニュ風

午前中にホタテ貝の下処理をする。
ゲスト到着後、ホタテ、パン粉、バターソースをのせて
オーブンで15分焼く。

4
お花畑のグリーンサラダ

午前中に野菜を洗って切る。
大鉢に盛りつけて冷やしておく。
ドレッシングも作って冷やす。

5
大根とフォアグラのソティ ロッシーニ風

大根は前日に準備する。
ころあいを見て、温めて盛りつける。
フォアグラは直前にソテーする。ソースを作る。

6
チーズケーキ バニラアイス添え

チーズケーキは二日前に焼き、冷やす。
ころあいを見て、ケーキ、アイス、いちごを盛りつける。

フレンチという学びの旅5

＊私の主婦的おもてなし

まず、私がおもてなしを受けた感動について、述べてみたいと思います。

ある夕食会でのこと、8人の円卓だったのですが、隣に座られた紳士がパンの入ったかごを「どうぞ」と廻して下さいました。けれども私は殿方から先に取って頂こうと思い遠慮しましたが、その方はさりげなく時計回りに廻すことを教えて下さったのです。それだけのこと。けれど、私には知識の問題ではなかったのです。それは今までついぞ出会わなかった「おもてなし」という配慮を感じたのです。おそらく海外生活の経験も豊富であった方でしょう。そこに、その方の話し方とものごしが、私に「おもてなし」を受けているような素敵な感動をよびおこしたのでした。過去にこの方と同席なさった方々、みなさん感じられたはずです。

相手に感動してもらえるような配慮がおもてなしの大事な要素なのですね。

顧みれば、家庭におけるおもてなしについて、いろいろ気づかされたのですが、我が家においでくださる方々は、食事のためだけにいらっしゃるわけではない、ということ。つまり、私どもと会って、そしてともに食事をたのしむ、という二つの要素が、おもてなしにとって大切なことだということ。そして、お招きした私たちも楽しく美味しい時間を共有すること、これもおもてなしの第三の要素なのです。この実践方法については、前述しております（本書68頁）。

若嶋家の食卓

7月
8月
9月

教え子が
教授となりて
我を訪う
在りし日の君
今も変わらず

鯛のブレゼ

アボカドとエビのトマトファルシ

木苺の熟れるを待ちて　校舎裏
今は懐かし　中一の味

その昔　つくつくほうしに　季惜しみ
翳りゆく夏　麦わら帽子

花びらの薄きに泣きて　手折らんと
するも儚き　花酔芙蓉

蟬時雨　はたと止みいる夕立に
童の頃の　夏匂い立つ

生き生きと
それぞれの時間《とき》
重ねるを
喜び合える
仲間と乾杯

長月の午餐

本日のメニュー

食前酒

魚介の贅沢サラダ
かぼちゃのクリームスープ
鴨のオレンジソース
グラタン・ドフィノア添え

コーヒー
胡桃のケーキ無花果ソース

Wine. R. Saint-Émilion 2003

by Tomie & Rieko

書家の友人宅で持ち寄りパーティ
鴨料理と胡桃のケーキ無花果ソースを持参

マリアテレジアが好んだロココ様式
中央に曲線的な美しさを装飾的な花で表現したテーブルを模す

つゆ晴れ間
爽風《さわかぜ》のもと　食事する
眠りさそうや　うぐいすの声

それぞれに
歩み来たりて　この集い
フレンチパーティ　今人生の春

秋鮭のテリーヌ

柴田七様作

カービング
ブログの中に
彼女《きみ》がいる
沃野《よくや》に開く
ななのワールド

カービング
フルーツや野菜・石鹸にナイフで繊細な美しいデザインを彫刻する工芸。
お土産にいただき、テーブルがはなやぎました。

麗しき　桜の天使　舞い降りぬ
短き夏の　明峰の丘

クラリネット演奏
ハチャトゥリアン「仮面舞踏会」

赤ピーマンのムース　グラス仕立て

材料（4人分）　※グラス6人分までOK

赤ピーマン	1～1 1/3こ
バター	大さじ2
チキンコンソメ	2カップ
ゼラチン（板）	4～5g（冷水でもどす）
生クリーム	80mg（九分立て）
パプリカパウダー	少々
かざり用　ミントorパセリ	
あら塩・こしょう	少々
生クリーム	少々

作り方

① ピーマンはヘタをとり、1～2㎝角に切る。鍋にバターを溶かし、ピーマンを入れ、弱火でじっくり炒める。

② ①にチキンコンソメ、あら塩、こしょうを入れ、200ml になるまで煮込み、火からおろす。

③ ②に板ゼラチンを加え、なめらかになるまでミキサーにかける。氷水にあてたボウルに移し、底からまぜて濃度をつけ、生クリームを加えて混ぜる。塩、こしょう、パプリカパウダーで味をととのえ、グラスに入れて冷蔵庫で冷やし固める。

④ 生クリームとミントを飾る

※パリ三つ星レストラン「ランブロワジー」のベルナール・パコー氏のオリジナルをグラス仕立てにしました。

赤ピーマンのムース　グラス仕立て

フレンチという学びの旅6

＊余韻を楽しんで！

当日のおもてなしの不安と緊張、わくわく感と終わった後の高揚感。そして極めつきは2時間以上かかる食器の後片付けなのです。何とも幸せな時間になるという不思議さ！

実は食事の後片付けは好きではなかったのです。それは雑事で、ほかにもっと意義あることがあるのでは？　今では食洗機も珍しくありません。フレンチフルコース8人分のお皿やサラダボール、グラス、ナイフ・フォークなど、いくつになるか、想像できるでしょうか。その山のように積まれた食器類もうんざりするのではなくて、洗って拭いて、洗って拭いて、その作業のなか、いつのまにか、鼻歌がでていいます。食卓を囲んだ楽しさの余韻に浸っていたのです。フレンチを学んで、「食事が楽しければ、後片付けも楽しい」。これは、私の「おもてなし」の実感です。今も、この感覚で家事をすることができております。

福輪蔓《ふくりんづる》

南ヨーロッパ・北アフリカの耐寒性の常緑つる性植物。
春先から初夏に我が家の庭に咲きます。

君の背の　温もり感じ目を閉じる
愛を紡いで　時を重ねる

蔓桔梗　太古の色をそのままに
我が庭に咲く　そは彼の方の色

木漏れ日の
きらめきの中
夢語る
何か出来そう
何時か出来そう

フレンチという学びの旅７

＊フレンチは欧米文化の華

二十年近く、フレンチを学び実践してきたお蔭でしょう！　食事におけるマナー、食器の扱い方、あれば楽しいアンティーク小物類、艶やかな銀製食器、季節の卓上花、好みのワイン、食後のコーヒー・紅茶、自家製ケーキ・菓子など、いろいろなシーンがあって、実践は実に楽しいものです。

書物によれば、フレンチを介しての食卓外交は欧米では普通のことのようで、我が家のフレンチでもそれに似たことがありました。会食中にある話題が出て、抱えている問題をどう解決するかが、話合われ、そして方針がたったのです。話題が自然な形で出たのは、フレンチの効果でしょう。

図書館のフレンチ関係のものはあらかた読んでしまって気付かされたのは、フレンチは欧米文化の頂点にあるということです。だから、外交にもフレンチが活かされているのでしょう。そんなこんなで、政治、経済、文化、芸術等々、私の知らない世界の知識が深まり広がっていきました。

ところで、フルコースのおもてなしとなると、誰でも有名メーカーの食器など揃えないと……と思うでしょうが、そんなことは二の次でいいと思います。まず大事なことは、「食事を楽しもう」、という姿勢なのです。その準備は簡単で、お皿を２枚かさねてスープにはソーサーを付ける。ここからスタートすることです。また、セットがあればそれを活用します。もし、新たにフルセットを揃えるなら白の無地のものが良いでしょう。なぜなら白の食器はどのセットに合わせても良いことになっているからです。今の私の視野には、スタートには白無地のフルセットがふさわしく思えます。

モーニングセット
野菜のポタージュ
ハムサラダ
フレンチトースト
オレンジゼリー

※パンの耳はお好みにあわせて切り取ってください。

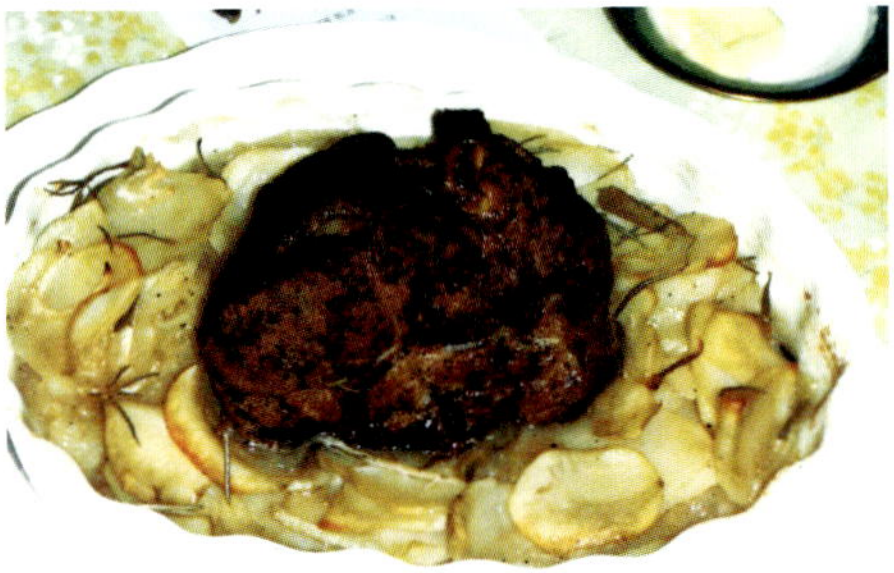

ローストポーク・パン屋風

バニラアイス　清見オレンジ
のコンフィチュール添え

去りゆく夏、遅ればせの秋に

本日のメニュー

食前酒　梅のワイン
タコのマリネ
ごぼうのクリームポタージュ
アボカドとエビのトマトファルシ
ローストポーク・パン屋風
パン・バター
デザート
バニラアイス
清見オレンジのコンフィチュール添え
紅茶　ダージリン・セカンドフラッシュ

Wine. R. PIAT D'OR ROUGE 2006

バルコニーにて

季知りて
実り急ぐか
ゴーヤの蔓よ
秋陽《あきのひ》の中
小実たわわに

夏深み　咲くを待ちおり
せみしぐれ
明け方一つ　白蓮の花

秋色に
色めく予感
伝わりぬ
我が黒髪に
木犀の花

「やまとことば」はおもてなし言語である

言葉と風土

どの言語にも、責める苛烈なことばから、優しい癒しのことばまで、いろいろな表現がある。日本語はむろんのこと、どの外国語にもあるだろう。であれば、それは相対的な話にすぎない。しかし、そのことばが使われる環境を想像してみたい。環境とは、風土であり、自然である。日本の自然に英語は、ふさわしいだろうか。たとえば、色についての単語を比べてみればよい。日本語の方が格段に豊かなのだ。それらの単語は風土に対応していると考えられる。ちなみに、ある植物学者は、西洋では植物名三〇〇種程で済むが、日本では三〇〇〇種を把握しておかねば専門家とはいえない、という。つまり、いいたいことは、日本の植生ははるかに豊かだということであろう。国土の七〇%を占める豊かな山からの栄養豊富な水が海の食物連鎖を盛んなものにするのである。そのような風土のなかで、一万年以上、遣われ洗練されてきたのが、やまとことばである。

さらにいえば、日本人は、明治以前では、藩という行政単位に分かれていたが、それぞれに、言語があった。それを方言というが、その由来を訊ねても、確たる回答をみたことがない。すると、その風土にふさわしいことば遣いが自然と生成してきたと思われる。たとえば、信州では、「おやすみ」というが、これは「今日はさようなら」ということである。ていねいな日本語で会話することが、日頃のお互いの「おもてなし」になっているのである。

異文化の消化力

明治のはじめに、多くの外国語が大量に入ってきた。それらを漢字に翻訳して使用したのである。たとえば、英語の philosophy を、日本にはなかった学問なので、識者たちは苦労して、結局、イメージとして「哲学」という訳語に落ち着いたということである。外国の単語を的確に理解して日本語を創造する。これだけの識見を明治の人たちはもっていたのである。だから、西洋の科学技術も、翻訳された日本語で後進の者たちは学び、そして駆使することができたのだ。その消化力は、戦争はもちろん、文化・社会・経済にも応用できたのである。日清戦争を取材したアメリカ人記者は、西洋が開発に三〇〇年かかった技術を日本人はわずか三〇年で縦横に活用している、という記事を書いている。この力はどこからきたのであろう。事実としていえることとは、日本人の知的水準が西洋科学文明を理解できるレベルにあったということである。たとえば、科学の基礎である数学をみてみよう。だれでも、関孝和の名が浮かんでくるはずである。彼は、一六八一年頃に円周率を小数第十一位まで算出している。当時の幕府は西洋文明の流入に否定的だったが、数学については、西洋の数学を受容する準備はできていたのである。

日本人の消化力が実現したものは、旧来のものの変容も促したのであるが、滅びはしなかった。文化人類学者のレヴィ＝ストロースは、近代日本について、西洋の文明侵略に対して、見事なバランス感覚を発揮し、成功している唯一の国が日本であるといっている。また、彼によれば、植民地化された民族のほとんどは自分たちの文化を失い、言語すらもなくしてしまったという。

消化不良の先には？

レヴィ＝ストロースが、西洋文明の受容に対して、唯一の成功例として日本を挙げたのは、前世紀も末のことだ。それから二〇年以上を経た現代では、「外国の単語を的確に理解して日本語を創造する」というそのような努力はどうなっているのか。外国語をカタカナ語にしてそのまま取り込んでいったのである。外国語に対してカタカナ語が平気で当てられている。とくに技術的な用語になると、専門家でしか分からないカタカナ語が飛び交っている。明治の日本人には、その立ち位置にぶれはなかった。的確な翻訳がなされれば、だれでもその翻訳語で、意味を推測できるというものである。しかし、現代はそれがなされずに進んでいる。これは日本人の異文化消化力が衰えはじめている現象であろう。

このような現状は、世代間のギャップを一層深くしている。たとえば、電子機器などは、老人を排除しているかのようなのだ。

外来文化の流入は、新しい文物からはじまるのが普通で、それらの言葉も入ってくるのは当然であるし、「言葉は時代と共に変わる」という諺は、世界共通であるらしいが、日本語も同様である。

こんな話がある。欧米人が「Can you speak Japanese?」と日本人に言ったというのである。さて、これは単なるジョークか。もう一つの意味が隠れているときもある。礼を含んだ礼儀正しい挨拶ことばを見かけないことをからかっているようなのだ。戦後七〇年以上経た現代では、ことばだけの問題ではない。和室のない家や、あっても床の間がない、さらには機能性だけを重視した積み木や箱のような住宅が増えつつある。日本文化の基本である正座ができない人も増えている。明治から現代までの日本文化の変容は、戦前までは欧米の文化侵略、そして戦後は、自国の文化崩壊への段階に入っているようだ。

再び「おもてなし」って？

「おもてなし」をネットで調べてみれば、意味は、「おもてがない」と「持って成す」があった。これでは、形式的すぎて、問いの答えになっていない。やまとことばであるはずなのだが……。

ところで、日本に長年住んでいる外国人の表情が大きく変わってきているのが気にかかっていた。彼らは自国の文化と常識を身につけて来日するのであるが、日本に在住の間に、来日当時のきつい顔つきと比較すれば明らかに変わっているのだ。年をとったからという訳ではないようで、とくに欧米人に感じられることである。柔和でおだやかな表情になっているのだ。一般に、表情は心のあり方の玄関口であるが、彼らの話では、一様に母国に比べて、日本は生きやすいという。その在住期間に接した人とその文化が、彼らをそのような表情にしていったと思われる。この原因にはいろいろあるだろうが、そのうち個人的関係をのぞけば、何が残るだろう？　周囲の日本人が見返りを求めない態度で接する行為を自然に受け入れるようになってきたから、と思われる。そのこころの変化はなぜ起こったのか？　当方はその原因こそが「おもてなし」効果であると思える。つまり、おもてなしとは、日本人の人としての自然な対人行為なのである。それがなによりやまとことばに内蔵されているのである。つまり、その本質は「やさしさ」にある。
この「やさしさ」にあたる英語はない、という。日本の風土と、日本語で生活をするなかではじめて感じられる「癒し」のことばなのである。であれば、外国人にとっては学ぶべきことばであっても、解釈すべきものではないと思われる。日本語を話す世界に暮らせば、自然にそれを体得できるのではないだろうか。

（眞吾）

若嶋家の食卓

10 月
11 月
12 月

実る秋　友の笑顔の真ん中に
フランス料理　時間《とき》や弾ける

フレンチにはまっていると　友の声
続く弟子あり　実りの秋に

エビフライ・粒マスタードドレッシング

このお料理は小学生のお子様に大変好評でした。また、お子様であっても食器はすべて皆と同じものを使用。飲み物は水かジンジャーエールなど、甘くないものをお出ししました。

秋冷に　さんま干したくなる君の
手ほどき受けて　一夜干しする

ひたひたと　潮満ちくる心地あり
森羅万象　縁いとおし

君といる　小さな秋を写し撮る
葛の香優し　温もりのとき

風涼し　夕餉の支度　秋刀魚干す
父母のやりとり懐かしむ今

由緒ある　伊勢の里人　守りたる
菊花に似たり　蓮台寺柿

ありがたし　実りの秋や　美味しやな
落ち鮎　子芋　こころ一献

フォアグラと大根のソテー　ロッシーニ風

秋さやか　ステーキランチ　おしゃれして
語らい楽し　いつものお店

悪玉の　コレステロール　Cランク
忌ま忌ましいと　心騒ぐや

フレンチという学びの旅8

＊初めてのフォアグラ体験

少し手の込んだ料理もできるようになり、フルコースでのおもてなしにも自信が出来、この位で回を重ねていけばいいかなと思っていました。そんな時フォアグラが家に届いたのです。主人がネットで注文していたのでした。主人のサプライズには慣れているつもりでしたが、これにはさすがに絶句しました。

さて、調理方法も解らない。下処理はいるの？　いらないの？　いろいろ料理本を調べてみたけれど解らない。やっとの思いで初めての私にも作れるレシピを見つけ調理することが出来ました。当時フォアグラは高級食材だったので、普通の料理本にはのっていなかったのでした。フォアグラ体験は、料理といい食味といい、生まれてはじめての感動でした。その時のお客様もその美味しさに言葉もなく、お互いに本当に幸せな笑顔で笑いあいました。そのとき、フーッと浮かんできたのは、映画『バベットの晩餐会』のワンシーンです。

フォアグラには、ガチョウと合鴨のものがありますが、今では、それらの産地が複数あります。あるとき、食べ比べをしてみたのですが、違いはあまり分かりませんでした。ですが、どちらも笑顔になることは当たり前、これでいいと思ったものです。

秋鮭の
パイ包み焼き
夫と共
至福の夕べ
ワインはボルドー

銀製品を美しく保つためには日頃からできるだけ使用することが、変色を防ぐことになります。
使わないときはラップにくるんでしまっておきます。

サーモンのパイ包み焼き

材料（4 人分）

じゃがいも	大 1 こ
玉ねぎ	$\frac{1}{4}$ こ
ズッキーニ	$\frac{1}{2}$ こ
生鮭	200g
マヨネーズ	大 2
塩・こしょう	少々
オリーブ油・強力粉・卵液	適量
冷凍パイシート	200g
ディル	少々

作り方

① じゃがいもを 1 cm角に切ってお好みのかたさにゆで、玉ねぎの薄切りを水にさらし、マヨネーズであえる。

② 鮭は 5 mmの厚さの薄切りにし、バットに並べてディルを千切って入れる。
塩・コショウし、オリーブ油をぬって冷蔵庫に 15 分置く。
ズッキーニは 1 ～ 2 mmの輪切り、塩を軽くしペーパーで水分を取る。

③ パイシートは解凍し、台に強力粉を振り上にのせて 25 ×15cmと 25 ×13cmの長方形の 2 枚にする。
オーブン用ペーパーの上に 25 ×13cmのパイシートをのせる。

④ 周囲 1.5cm残して②の鮭の半量を並べ、その上に①と、残りの鮭、ズッキーニと順に重ねる。このパイ生地の周囲に上と下をくっつけるための卵液をぬる。

⑤ 25 ×15cmのパイシートを打ち粉し、縦長に二つに折り曲げ、輪の方から端を 1.5cm残して切り込みを 1.5cm間隔で入れて広げる。
④にかぶせ、周囲をフォークで押さえてしっかり閉じる。
ラップして冷蔵庫で 30 分ねかせる。

⑥ パイの表面に卵液をぬり、230℃のオーブンで 20 分焼く。

「ありがとう」
貴方と過ごす
毎日に
二人で生きるを
贅沢といふ

七五三
はにかみつつも
誇らしげ
祝いの席の
「かんぱーい」も又

ポットパイシチュー（ビーフ）

材料（4人分）

ビーフシチュー
（市販のもの、または前日
多めに作ったもの）
冷凍パイシート４枚
（器にあわせた大きさのもの）
卵黄

作り方

① 耐熱容器に冷たいシチューを７分目くらい入れる。

② パイシートは室温にもどし、麺棒で３㎜の厚さにのばす。
①の容器の口より直径約８㎜大きく切る。

③ 卵黄１個分を水少々でのばし、容器の口の部分（パイがかぶさるところ）にぬり、パイをかぶせる。

④ 縁を指でおさえ、しっかり閉じる。

⑤ 表面に卵液をぬり、オーブンを予熱し、220℃で20分焼く。

鶏肉の白ワイン煮込み

「教育実習の会」

本日のメニュー

生ハムのサラダ
食前酒　ワイン（梅）
オニオンスープ
チキングラタン
スルメイカとぶどうのマリネ
鶏肉の白ワイン煮込み
パン・バター
デザート（生クリームケーキアラカルト・
バニラ＆イチゴアイス）
パッションフルーツ
紅茶　ヌワラエリア

Wine. W. Casale der Grillo 2003
ゲーテ・イタリア紀行
W. Burg Layer Schlosskapelle 2006
ヴェローナワイン

徳之島のご実家で栽培されているパッションフルーツをお土産にいただきました。
初めてのお味に皆様と感動いたしました。

それぞれに
異国の香り
持ち寄りて
大人ハロウィン
楽しみ集う

テーブルのお菓子のかごをお土産にいたしました。
テーブルの花を小さな花束にしてお土産にするときもあります。

フレンチという学びの旅９

＊パニックエピソード

大変だったことがありました。毎回アレルーギーなど気を付けて、事前に尋ねているのですが、その時はうっかりしていたのです。食事が始まってお料理をお出しすると、急に「私、卵が食べられません」と言われ、一瞬しまった!! と頭真っ白に……。けれども、いつも一品多くメニューの材料を揃えていたので、すぐにその場で調理してお出しすることが出来、喜んでいただけました。が、反省することいっぱいでした。

joyeux noël !!

明峰の　丘に吹き上ぐ　谷風は
木の葉巻き上げ　色散らしたる

暖冬に寄す

雪遠く　春待月や　和やかに
語り睦みて　冬物語

幸せの
扉を開ける
魔法かな
マーブルケーキと
コーヒーの香と

サンドイッチは指でつまめる大きさにし、乾燥しないようにカイワレを上にのせます。

マーブルケーキ

材料

無塩バター	50g
ケーキ用マーガリン	50g
砂糖（グラニュー糖）	90～100g
卵（M）	2こ
薄力粉	100g
ベーキングパウダー	小さじ1
ココア（ミルク）	大さじ1
熱湯	大さじ1
ラム酒	大さじ1～2

作り方

① ボールにバターとマーガリンを入れ、クリーム状に混ぜる。砂糖を何度かに分けて入れ、白くもったりするまでよく混ぜる。

② 溶きほぐした卵を少しずつ加え、その都度よく混ぜる。

③ ふるった薄力粉（＋ベーキングパウダー）を加え、さっくり混ぜたら半分の生地を別のボールに移し、熱湯でとかしたココアを加えて混ぜる。

④ 型に2種類の生地を交互に入れ込み、竹串などで2～3回かき混ぜてマーブル模様にしたら、表面を平らにし中央をへこませる。

⑤ 180℃に余熱したオーブンで35～40分焼く。

⑥ オーブンから出し、熱いうちにラム酒をはけで塗る。

吾つつむ
君の心や
その色は
ポインセチアの
誕生祝い

タコのマリネ

タコのマリネはお子様にも大好評で、
後日レシピをさしあげました。

秋陽に
藤袴の香
甘やかに
友住む庭に
アサギマダラ来

一枝の　山法師の実
手折り来ぬ
微笑み添えて　君や麗し

吹く風に
木の葉ちりぢり
舞いおれば
錦となりて
吾を包むや

秋鮭のテリーヌ

テーブル上でサービスすると、お話もはずみ、
食卓がはなやかになります。

いそいそとお節料理を作りおり
嫁と姑　姿うつくし

時代《とき》移り　お節料理を買う世代
チラシ　コンビニ　テレビに　ネット

フレンチという学びの旅10

＊初めてのロメインレタス

日本で、ロメインレタスがまだ一般的ではなかったころ、これを使って野菜サラダを作ったことがあります。きっかけは、主人の教え子家族が、訪ねてくれたときでした。彼がドイツに住んでいたころ、自室のテーブルに器に立てたロメインレタスを、食事のときはもちろん、テーブルのそばを通るときなどに、葉を一枚はがして食べたというのです。南ドイツではそのような食べ方をするのだそうです。そこで、そのレタスを求めて、テーブルに置いてみました。小柄な白菜を思わせる大きさの野菜が、テーブルにつったたっている光景は、これって何？　という感じでしたが、お客様は懐かしい！　と喜んでくださいました。

このレタスが手に入ったときは、ドイツ人の真似をして、はがしてつまんでいます。楽しい！

ちなみに、この野菜は、葉が十分に大きいので、手巻き寿司のように、好きなものを包んで食べることもできますので、子どもには人気があるでしょう。

厨房に　こがしバターの香りして
　パリでのランチ　ふと思いだす

除夜の鐘　ワインの色に酔いながら
　二人の愛の　時間《とき》流れゆく

きちんとテーブルセッティングしたつもりでしたが、ティースプーンを出し忘れたところがありました。大失敗です。
お花は生花が良いのですが、ここでは造花のカトレアを使用しています。

テーブルセッティングの基本

正式のテーブルセッティングはフランス式が基本とされています。セッティングには、フォーマルとセミフォーマル、それにカジュアルがあります。装いとおなじですが、この違いはセッティングの簡略化にあります。

正式な晩餐会は、フォーマルです。家庭でのおもてなしでは、フォーマルセッティングにすることはまずありません。なお、現代では、以上に加えてお茶の時間と夜食の時間にもそのためのテーブルセッティングがあります。

ここでは、フォーマルとセミフォーマル、カジュアルについて簡単に述べます。

テーブルセッティングの実習

今から10年以上前に、テーブルセッティングの実習をしたものです。

○フォーマルセッティング

1. シーン：春・晩餐会・フォーマルセッティング
2. テーマ：○○受賞記念
3. メニュー：①オードブル・②スープ・③魚料理・④肉料理、⑤サラダ
   ドリンク：白ワイン・赤ワイン・水

4. 食器選び

・「食器」：白金彩（磁器）　26cmp・21cmp・18cmp
・クレセント皿（メニューによっては可）
・スープ皿
・グラス：クリスタルグラス（水・シャンパン・白ワイン・赤ワイン・食後酒）※参照
・カトラリー：スターリングシルバー（オードブル用・スープ用・魚用・肉用・バター用）
写真のものは、デザート用もセットされているが、フォーマルのデザートタイムは新しくセットするのがふつうである。
・クロス：白ダマスク織
・ナプキン：ピンク（50cm × 50cm）
・フィギャー：キャンドルスタンド（シルバー）・バター入れ（シルバー）
・ネームスタンド（シルバー）・サリエール（カットグラス）
・卓上花：ビクトリアイパーンスイトピー

※グラスについては、フォーマルセッティング実習では、シャンパン用と食後酒用のものは入れていない。

5. セッティング

①フォーマルの場合

フォーマルの場合、カトラリーとグラスは、使用するものすべてがあらかじめセットされる。デザート用のカトラリーは、普通、食事のコースが終わった後、改めてセットされる。カトラリーは外側から、オードブル用・スープ用・魚用・メイン用を並べる。魚の場合ここでは魚用ナイフを使用しているが、切身の時は、ナイフとフォークでよい。

②セミフォーマルの場合
フォーマルが簡略化されて、次のようになる。
・カトラリーは外側から、スープ用・魚用・メイン用とならべる。
・グラス類は、水用ゴブレット、白ワイン用、赤ワイン用の3つになる。
・デザート用カトラリーは、プレートの奥にあらかじめセットされる。
・クロスは無地か無地の織柄を使うのが基本（色はインテリアや食器にあわせて）。

③カジュアルの場合
・カトラリーは同じものを使い、ワイングラスも白と赤兼用にしてもよい。
・クロスも柄や模様のあるもの、布を重ねたり、と楽しんでセットする。
我が家では、ダックスフントのカトラリーレストを愛用してる。

○食事に銀器が使われる理由

純銀のカトラリーや食器はヨーロッパ貴族にとって、美と富の象徴でした。けれど、それだけではないのです。中世ヨーロッパの歴史をみれば、宴会場で毒殺をする犯罪も結構多かったようで、その防止の意味もあったのです。当時の毒といえば、青酸カリや砒素化合物が使われ、もし食物の中に入っていると、これは銀とよく科学反応を起こすのですぐ分かるのです。ですから、銀製品を使うことは、「食べ物に毒は入っておりません。安心してお召し上がりください。」というメッセージでもあったのです。

現在では、カトラリーはステンレス製のものもあり、手軽に使えて手入れも簡単なのですが、銀製カトラリーでセッティングするのは、最高のおもてなしになります。

あとがき　～旅の終わりに

出会いが本に

　本書は、はじめから計画があってできたものではありません。写真など、出版するために映した資料ではないのが今となっては残念です。ただ、その時々の記録として、料理関係のメモ書き、お招きした方々のお写真、お招き・御礼などの文書のやりとり、印象を詠んだ短歌の類など。気付けば、記録は段ボール幾箱分にもなっていました。20年近くになる『おもてなし』という旅の思い出です。

　フレンチにはまったら、普通なら料理学校へいくものですが、主婦の楽しみと理解していたので、周囲の情報をできるかぎり収集しました。大きく影響をうけたものとしては、順に挙げれば、①図書館、②テレビなどのドキュメンタリー、③料理番組、④フレンチ・レストラン、⑤映画、になります。家庭での楽しみとしてのフレンチは、以上の情報を活用した独学で十分だと思います。ただ、記録は残しておいた方がよいと思います。

　主人は「君の足跡だね」と申しておりますし、フレンチにお招きした出版社の方は、記録の山を見て、本にするようにと強く勧めてくださり、このような運びになりました。

楽しいテーブルセッティング

先に、ドキュメンタリーに影響を受けて、フレンチの道に入ったと書きましたが、もうひとつの願いがありました。それは、以前少し習ったテーブルセッティングです。これはこれで、一つの文化であり、芸術だと思っています。たとえば、純白のテーブルクロスは公式の食事を象徴するもので、これは文化といってよいと思います。また、テーブルクロスは、季節によって変えたり、食事にあったクロスを選んだりすることも、意外と楽しめるものです。フレンチを学び始めて、楽しくて気付けば、三十枚をはるかに超えていました。

ゲストをイメージして室内をしつらえ、テーブルセッティングをする。ＢＧＭは主人の役割でした。食堂の壁に埋め込んだスピーカーから、フレンチにふさわしい曲を流すのですが、雰囲気づくりには結構役にたっていたと思います。夜キャンドルを灯すなら、部屋の照明は少し落としたほうが、雰囲気がでて、灯りがよりあざやかになります。キャンドルの灯は、とても好きです。

デザートタイムは？

お食事が終わると、デザートタイムです。居間に移ってお茶を楽しむ。あるいはそのまま食卓テーブルでデザートに移ってもよいのですが、場所を少し変えるだけで、お話しがまた弾むものです。

我が家では、ソファーや、座布団など、お客様がくつろげるようにできることはしています。なかには膝の悪い方もいらっしゃるからです。お菓子は自家製のもの。マドレーヌなどは簡単に作れるし、子どもには好評です。ほかに、英国のアフタヌーン・ティに倣ったテーブルセッティングも楽しいものです。この場面で欠かせないのは「スコーン」というお菓子ですね。家庭で気軽に焼けて、暖かいまま、ジャムなどを塗っていただくと、これって英国？　という気分になります。演奏をする場合は、このときです。もちろん大人がしてもよいのですが、子どもが楽器をもってきて、演奏を披露してくれるときは、楽しい気分が倍増するものです。

そして、お見送りする時間がきます。こころばかりの小さなお土産を準備しておきます。翌日には私達の気持ちと感謝をお礼状にしたためます。

思い返せば、お客様として来訪してくださった方々に感謝の思いを新たにしております。主人は、本書が私の足跡だと申しておりますが、料理はお客様あってのものです。加えてみなさまのグルメぶりは、私の励みになり楽しみでもありました。

また主人には「発刊に寄せて」およびエッセイ二編を寄稿してもらいました。加えてたくさんの助言が大変参考になり有難かったです。

最後に、本書がこのような形になるまで、左子真由美竹林館社主をはじめ、多くの方にお世話になりました。写真などは、出版するために映した資料ではないので、編集にはご苦労をおかけすることになったこと、また、稿を重ねることを五回。編集担当の方々と、写真の調整や短歌選び、そしてレイアウト。楽しくやり取りを重ね、いろいろ勉強もさせていただきました。

皆様、本当にありがとうございました。

二〇一九年九月

若嶋利恵子

若嶋家の食卓

— 主婦のフレンチおもてなし　短歌を添えて

2019年11月8日　第1刷発行

著　者　若嶋利恵子
発行人　左子真由美
発行所　㈱ 竹林館
〒530-0044　大阪市北区東天満2-9-4
千代田ビル東館7階FG
Tel　06-4801-6111　Fax　06-4801-6112
郵便振替　00980-9-44593
URL http://www.chikurinkan.co.jp
印刷・製本　㈱ 太洋社
〒501-0431　岐阜県本巣郡北方町北方148-1

ISBN978-4-86000-410-1　C0077

定価はカバーに表示しています。
落丁・乱丁はお取り替えいたします。

若嶋 利恵子（わかしま りえこ）

広島県生まれ
大阪教育大学美術学科卒業
大阪市立小学校教諭として勤続20年

華道　未生流師範
茶道　裏千家助講師

専業主婦・フレンチ独習
自宅でフルコースのおもてなしを始め、
現在に至る